CATALOGUE
DE
CURIOSITÉS
ET
OBJETS D'ART

TELS QUE

Statuettes en ivoire, Bronzes Florentin, Médailles italiennes en bronze, Émaux de Limoges, Faïences de Bernard Palissy, Faïences italiennes, Terres cuites de Clodion, Bas-Reliefs et Figurines en bois du 16e siècle, Objets divers en matières précieuses, Bijoux en or et en argent, Orfèvrerie ancienne, Vitraux allemands et suisses, Meubles en bois sculpté, en marqueterie de bois et en marqueterie de Boule, Étoffes de soie très riches et fraîches, du temps de Louis XV, Deux Tapisseries, et quantité d'Objets variés,

TABLEAUX

Composant le Cabinet de M. CLARET, Architecte,

DONT LA VENTE AURA LIEU

POUR CAUSE DE DÉPART,

Les Lundi 16, Mardi 17, Mercredi 18, et Jeudi 19 Décembre,

HEURE DE MIDI,

RUE DES JEUNEURS, N° 42,

Salle n° 2,

Par le ministère de Me BONNEFONS DE LAVIALLE,
Commissaire-Priseur, rue de Choiseul, 11,

Assisté de M. ROUSSEL, Expert, pour les Curiosités,
Et de M. LANEUVILLE, pour les Tableaux,

Chez lesquels se distribue le présent Catalogue.

EXPOSITION PUBLIQUE
Le Dimanche 15 Décembre 1850, de midi à quatre heures.

PARIS
IMPRIMERIE ET LITHOGRAPHIE DE MAULDE ET RENOU,
Rue Bailleul, 9 et 11, près du Louvre.
1850 7440

ORDRE ET CONDITIONS DE LA VENTE.

Les CURIOSITÉS, seront vendues dans les vacations des 16, 17, et 18 Décembre.

Les TABLEAUX, le Jeudi 19.

Elle sera faite au comptant.

Les acquéreurs paieront, en sus des adjudications, 5 pour cent applicables aux frais de vente.

DÉSIGNATION

DES OBJETS

Ivoires sculptés.

1 — Vénus sortant du bain, charmante figure d'après le bronze florentin du XVIe siècle.

2 — Deux statuettes en pendant, satyre et bacchante, signé J.-B. Xaverre, 1729.

3 — Deux bustes, Racine et Voltaire, sur socles en marbre.

4 — Deux autres bustes, Henry IV et Sully, socles en marbre.

5 — Christ en croix, sur fonds de velours noir, cadre doré.

6 — Un lot composé de quatre manches de couteaux se terminant par des têtes chimériques; une fourchette et un manche en argent gravés.

7 — Bas-relief rehaussé de dorures, représentant le Calvaire, ouvrage du XVIe siècle.

8 — Autre bas-relief du XVIe siècle, le Christ en croix, travail italien.

9 — Médaillon ovale, tête d'empereur romain, bas-relief d'une bonne exécution, cadre en cuivre doré.

10 — Jeu d'échecs, dont toutes les pièces sont formées par des figurines chinoises, travail chinois.

11 — Portrait de femme en bas-relief, costume du temps de Louis XIV.

12 — La Vierge portant l'Enfant-Jésus, très fin d'exécution.

13 — Un reliquaire du temps de Louis XIII.

14 — Deux souvenirs chinois, d'une grande finesse de sculpture.

15 — Deux petits manches de couteaux, formés par des groupes d'enfants, style de François Flamand.

16 — Une boîte en ivoire avec bas-relief, Mars et Vénus, garnie en argent.

Bois sculptés.

17 — Statuette de jeune Bacchus debout, d'une pose gracieuse et élégante de mouvement.

18 — Autre statuette, femme debout, travail italien.

19 — Joli boîte du temps de Louis XIII, couverte d'ornements et de fleurs avec armoirie au centre.

20 — Deux manches de couteaux, dont un formé par un groupe de deux figures.

21 — Beau triptyque, avec sujet de haut-relief, représentant la Conversion de Saint-Hubert. Ce sujet est placé sous un couronnement d'architecture gothique très riche de sculpture et découpé à jour avec une rare perfection : travail allemand du XVIe siècle.

22 — Médaillon rond avec portrait d'homme, en costume allemand du XVIe siècle.

23 — Bas-relief en bois, sujet de la vie du Christ, composition de dix-huit figures.

Bronzes.

24 — Deux jolis petits bustes en pendant, le Christ et la Vierge, bronzes dorés d'une grande finesse et d'un beau style, travail italien du XVIe siècle.

25 — Saint-Sébastien, statuette florentine dorée, de la fin du XVe siècle.

26 — Statuette de David, bronze italien.

27 — Le Christ à la Colonne, bronze doré italien.

28 — Le Christ en croix, bronze florentin d'une grande légèreté.

29 — Espèce de cassolette à trépied, bronze italien.

30 — Une paire de flambeaux anciens en cuivre doré.

31 — Plateau rond à bord droit, dont le pourtour est décoré d'arabesques d'une grande légèreté et du plus beau style, travail italien du XVIe siècle.

32 — Une paire de flambeaux italiens du XVIe siècle, couverts d'ornements en relief.

33 — Un flambeau du même genre que les précédents, dont les ornements sont d'une finesse d'exécution remarquable.

34 — Cadre ovale orné de figures et très riche de détail, bronze italien du XVIe siècle; il renferme un émail de Limoges à peinture grisaille rehaussée d'or, représentant l'Adoration de Jésus par les Anges, provenant du cabinet de M. Debruges.

35 — Cadre à moulures ornées de gaudrons, travail italien.

36 — Statuette de satyre, bronze italien.

37 — Deux statuettes de femme, bronzes italiens.

38 — Divers instruments de mathématique, en cuivre, doré à l'or de séquin, travail du XVIe siècle, portant la date de 1555, faits à Augsbourg par Christophe Schisler.

39 — Deux aiguières de forme élégante, en cuivre rouge repoussé et doré, elles sont ornées de mascarons en relief d'un très beau style, travail italien du XVIe siècle.

40 — Boîte à miniature en cuivre, gravée et dorée.

41 — Cinq plats gothiques en cuivre repoussé, de la fin du XVe siècle.

42 — Deux vases du temps de Louis XIV, en cuivre rouge repoussé et finement ciselés.
43 — Deux candelabres à enfants supportant les lumières, sur fûts de colonnes en marbre blanc.
44 — Un seau à une anse mobile, couverts d'arabesques très fines, travail vénitien du XVIe siècle.
45 — Deux beaux bras rocaille, en bronze doré, du temps de Louis XV.
46 — Deux bas-reliefs, bronzes italiens.
47 — Deux autres bas-reliefs, sujets de batailles d'après Van Der Meulen.
48 — Très beau bas-relief circulaire, bronze florentin, représentant Apollon et Marsias.
49 — Beau groupe en bronze italien, Laocoon et ses fils, remarquable par la ciselure des figures et la légèreté de la fonte.
50 — Un sanglier.
51 — Statuettes, Hercule et Vénus, bronzes italiens du XVIe siècle.
52 — L'abondance, figurine en bronze italien.
53 — Cinq bustes en bronze de grandeur naturelle : *Carneade, Euripide, Demosthène, Senèque* et *Ciceron*.

Médailles en Bronze.

54 — Cosme II, roi d'Étrurie.
55 — Laura Corsi, marquise, Salvi.
56 — Angelina Malaspina.

57 — François Redi.
58 — Prince François Médicis.
59 — Médaillon, le Jugement de Paris, signé, 30 P.-F.
60 — Cardinal Alexandre Farnèse.
61 — Scipion Demontis.
62 — Antoine Pizanani.
63 — André Doria.
64 — Sigismundus Pandullus, Malatesta.
65 — Deux médaillons en plomb, sur l'un Adam et Eve, sur l'autre un Centaure.

Faïences de Bernard Palissy, de Fabriques italiennes, etc.

66 — Jolie figurine, la nouvelle faïence de Bernard Palissy.
67 — Un biberon, il porte l'écusson de France.
68 — Joli plat rond de Bernard Palyssy, représentant Bacchus enfant et ses suivant; ce plat est d'une belle conservation.
69 — Autre plat rond, représentant une figure allégorique sur un fond de paysage dont les détails sont très fins.
70 — Petit plat de même fabrique, orné de mascarons.
71 — Plat ovale en hauteur, le Baptême de saint Jean.
72 — Joli petit plateau ovale de Fontana Orazio, à l'intérieur un sujet mythologique, au revers des mascarons en saillie sur fond bleu.

73 — Joli petit plat italien d'Alonzo Gatanarri d'Urbino; la bordure est décorée d'arabesques émaillées en bleu et blanc sur fond orangé, au milieu est un médaillon représentant un jeune homme en costume du seizième siècle appuyé sur un monument d'une architecture très élégante; ce plat rare est d'une grande finesse.

74 — Beau bassin en faïence italienne portant la date de 1508. Il offre sur un fond bleu foncé les armes d'un pape, entourées de figures de génies et d'arabesques du plus beau style.

75 — Deux petites consoles en faïence de Rouen.

76 — Deux pots à bière en grès gris de Flandre portant les dates de 1589 et 1591.

77 — Deux autres pots à bière en grès gris, rehaussé de bleu.

78 — Vase à une anse faïence italienne, décoré de peintures.

79 — Deux plats rond, faïence d'Urbino, ornés d'arabesques avec blasons.

80 — Grande buire en faïence de Nevers, la garniture en cuivre doré porte un écusson armoirié.

81 — Grande cruche en grès brun, chargée d'ornements en relief, d'un beau style; elle porte la date de 1585.

82 — Autre cruche moins grande, en grés jaunâtre avec bas-relief représentant des guerriers du temps de Louis XIII.

83 — Jolie cruche en grès, émaillée en bleu avec ornements très fins.

84 — Deux autres avec ornements du temps de Louis XIII.

Poterie Turque en terre rouge.

85 — Grand vase garni en argent.

86 — Autre vase, surmonté d'un col avec anses.

87 — Environ quinze autres vases de formes variées et élégantes seront vendus par lots.

Terres cuites.

88 — Jolie statuette de Clodion, satyre portant des thyrses chargés de raisins; cette figure est une des productions les plus remarquables de cet artiste.

89 — Jeune bacchante portant une coupe et des raisins, charmante figure du même artiste.

90 — Autre figure de bacchante, du même.

91 — Hercule terrassant un lion, esquisse de Jean de Bologne.

Vitraux coloriés.

92 — Vitrail allemand, un porte-enseigne avec armoiries et inscription portant la date 1604. 21 centimètres sur 41.

93 — Vitrail rond, armoiries avec inscription. Diamètre 13 cent.

94 — Vitrail allemand très fin, armoiries avec inscriptions et date 1679.

95 — Vitrail rond avec figures, armoiries et date 1608. Diamètre 20 cent.

96 — Vitrail allemand très fin, armoiries et date de 1609. Diamètre 20 cent.

97 — Vitrail suisse armoirie de Basle, un guerrier tient à la main la bannière du canton, en regard un homme d'armes tenant une hallebarde. 42 cent. sur 32

98 — Vitrail allemand, Lucrèce, dans le haut un petit sujet représentant la Création du monde, date de 1551. 32 cent. sur 21.

99 — Vitrail, armoirie et inscription avec date de 1521. 32 cent. sur 21.

100 — Vitrail allemand armoirie et date de 1607.

Emaux de Limoges.

101 — Grande coupe ronde, à peintures grisailles teintées, représentant à l'intérieur un sujet biblique, et à l'extérieur des arabesques rehaussées d'or, avec cartouches à sujets camaïeux bleus. Cette pièce peut être attribuée à un des Courtois.

102 — Couvercle de coupe, grisaille teintée, représentant des sujets mythologiques, à l'intérieur des arabesques.

103 — Sept plaques carrées, peintures coloriées, représentant des dieux de la Fable avec signes du zodiaque, suite très curieuse.

104 — Émail carré long de 24 cent. sur 17. Peinture coloriée représentant l'intérieur d'une pharmacie de couvent, de la plus grande finesse d'exécution et d'une belle conservation, signé I. L, au revers, Laudin au faubourg de Magnines à Limoges.

Cette belle pièce provient du cabinet Didier-Petit.

105 — Beau vase à deux anses, émail de Limoges à peinture grisaille représentant Diane et Actéon, attribué à P. Reymond.

106 — Une assiette fond bleu, avec peinture grisaille teintée rehaussée d'or, représentant le mois d'avril, riche bordure d'arabesques et revers d'entrelacs avec mascarons.

107 — Grand émail carré long, le Christ en croix, peinture fine remplie d'impression, signée NL., au revers Laudin émailleur à Limoges.

108 — Petit émail, portrait miniature de Catherine de Russie.

109 — Deux peintures coloriées, représentant l'une saint Jean délivrant les âmes du Purgatoire, l'autre saint Pierre coupant l'oreille de Malchus.

110 — Deux autres émaux représentant des Évangélistes.

111 — Deux petites cuillers émail à paillons garnis en argent.

Porcelaines de Sèvres & autres.

112 — Deux jolies statuettes en ancien biscuit, pâte tendre de Sèvres, le Garde à vous et son pendant, par Falconnet, les piédestaux sont en porcelaine de Sèvres bleu de roi, l'un d'eux est en pâte dure.

113 — Belle écuelle en porcelaine de Saxe, qualité ancienne, décorée de fleurs.

114 — Écuelle en porcelaine du Japon à dessins en relief, garniture en argent du temps de Louis XIV.

115 — Deux grands et beaux vases (potiches) porcelaine du Japon décorée de fleurs, portant 1 mètre de haut.

116 — Petit sucrier en porcelaine du Japon, garni en argent.

117 — Plateau ovale en porcelaine de Sèvres, pâte tendre décoré de fleurs.

118 — Deux grands et beaux vases en porcelaine de Chine à mandarins, belle qualité ancienne.

119 — Un cabaret porcelaine de Sèvres, pâte tendre décoré de fleurs, composé de douze tasses et de trois grandes pièces.

120 — Une écuelle et son plateau porcelaine de Saxe à bouquets.

121 — Un petit cabaret fond vert, œil de perdrix à médaillon camaïeux rouges, composé d'un plateau et quatre pièces.

122 — Sucrier ovale bleu turquoise, le couvercle surmonté d'un groupe d'amours en biscuit avec guirlande de fleurs.

Objets divers.

123 — Beau plateau oblong, en cristal de roche, entièrement couvert d'ornements gravés et polis dans les fonds; travail rare et d'une grande perfection.

124 — Deux petites burettes en cristal de roche, pouvant accompagner le plateau ci-dessus décrit.

125 — Une plaque en argent gravée et découpée à jour par Stephanus.

126 — Montre italienne ornée d'arabesques gravées, du XVIe siècle.

127 — Cuiller avec fourchette, le manche terminé par une tête de bélier, les ornements sont gravés d'après les dessins de Théodore de Brie.

128 — Cuiller en cristal de roche, garnie en argent doré.

129 — Reliquaire en corail, orné de cariatides et de mascarons: travail italien d'un beau style.

130 — Fermoir d'escarcelle en fer damasquiné d'or et d'argent. Il provient du cabinet de M. Didier-Petit.

131 — Paix, en argent repoussé; le Christ mort, sur les genoux de la Vierge, ce groupe de

haut-relief est placé sous un portique d'architecture du XVIe siècle, travail italien.

132 — Jolie petite bouteille en verre de Venise, à filigrane blanc.

133 — Un petit volume, renfermant dix miniatures peintes par *Julio Clovio*, contemporain de Raphaël, elles sont toutes de la plus grande finesse et du plus beau style.

134 — Cadre contenant trois miniatures provenant de manuscrits, celle du milieu est remarquable par la singulière composition d'une scène de la vie du Christ.

135 — Cadre contenant trois miniatures sur vélin, provenant de manuscrits.

136 — Autre cadre contenant une miniature d'après le tableau du Dominicain; le massacre des douze mille vierges.

137 — Cadre contenant une miniature de manuscrits, représentant quatre saintes, avec vignettes d'entourage.

138 — Portrait d'homme avec cuirasse, costume du temps de Louis XV. Miniature signée Bornet.

139 — Portrait en miniature de Ladvinance, peintre de Montpellier, peint par lui-même.

140 — Autre miniature, portrait d'homme.

141 — Pot à bierre en étain, de F. Briot.

142 — Grand plat en étain, du même artiste, dans les principaux cartouches se trouvent des figures allégoriques avec attributs des quatre parties du monde.

143 — Autre plat semblable.
144 — Une petite assiette en étain, les électeurs de Saxe.
145 — Très belle écritoire italienne, en fer, entièrement couverte d'arabesques de la plus grande finesse; damasquinées en or et en argent, travail italien du XVIe siècle; cette pièce remarquable par l'élégance de sa forme et la finesse des détails provient du cabinet de M. de Sivry.
146 — Cadre en ébène à moulures très fines, travail florentin du XVIe siècle.
147 — Portrait en bas-relief sur marbre blanc, de *Léonard de Vinci*, sculpture du XVIe siècle, profil plein d'expression et d'un travail énergique, attribué à Jean de Note.
148 — Poignard allemand du XVIe siècle, le fourreau en fer repoussé.
149 — Deux couteaux réunis dans une même gaîne, les manches sont en fer, damasquiné d'or, d'un travail italien du XVIe siècle.
150 — Coupe ronde en jaspe sanguin, monture italienne en or émaillé.
151 — Pendule en marqueterie de Boule.
152 — Un coffret en fer, damasquiné d'or.
153 — Un cadre en miniature, du XVIe siècle.
154 — Deux boîtes en émail de Saxe.
155 — Une boîte en écaille, avec incrustations d'or et d'argent.
156 — Un coffret en cuir gauffré.
157 — Jolie boîte en marqueterie de bois à fleurs.

158 — Un lot composé de six grands paneaux encadrés, en stuc, représentant des ornements et des sujets divers dessinées en noir.

159 — Un plateau en argent émaillé, avec ornements en filigrane.

160 — Coupe en agate orientale, belle qualité, monture en forme de trépied, formée par des cygnes, en bronze doré.

161 — Une cartouchière en ivoire gravé, du XVIe siècle.

162 — Brûle-parfums chinois en forme de fruit, avec support, en bronze.

163 — Une très belle corbeille, chinoise, en filigrane d'argent de la plus grande finesse, ornée de fleurs et d'insectes.

164 — Deux petits flambeaux du temps de Louis XIII, formés par des figurines coloriées en costumes du temps.

165 — Petit vase en lapis lazuli, orné de gravures et de gaudrons, monté en argent doré du XVIe siècle.

166 — Deux petits flacons en verre rubis, avec couvercles et supports en argent doré, travail allemand.

167 — Une coupe ronde, en agate orientale, rubanié, montée en argent doré.

168 — Un étui et une petite cassolette en argent doré, couverts d'arabesques gravées et émaillées à froid, enrichies de pierreries.

169 — Étui porte-plume, en jaspe vert, garni en or.

170 — Bijou forme de chapeau, en or émaillé, avec mouvement de montre à l'intérieur.

171 — Un petit flacon en verre de Venise, garni en argent, et un manche de couteau en argent, du XVIe siècle.

172 — Portrait de dame italienne, en cire, enrichi de perles et d'opales, travail du XVIe siècle.

173 — Joli bas-relief en argent repoussé, représentant la sainte famille.

174 — Petite pendule, style renaissance, en argent ornée de gravures et de figurines, elle supporte un sujet de ronde-bosse, représentant le combat de deux chevaliers.

175 — Un calice en bois en renfermant beaucoup d'autres plus petits, chef-d'œuvre de tour, et une boîte en bois sculpté.

176 — Petite bonbonnière en cristal de roche taillé à facette, garnie en or.

177 — Jolie petite burette en verre de Venise, à filigrane de couleur.

178 — Un calice et sa patène, en argent doré, du XVIe siècle.

179 — Un très bel ostensoir gothique, orné de figurines et d'arabesques, en argent doré, travail du XVIe siècle.

180 — Une aiguière en étain de Briot, orné de sujets et d'arabesques en relief.

181 — Une croix en cuivre repoussé avec Christ, ornée d'émaux bizantins.

182 — Très belle crosse d'évêque, du temps de

François 1er, en argent repoussé et en partie dorée, enrichie de pierreries, au centre se trouve la figure de Saint-Jean, avec un double écusson armoirié, la hampe en bois est garnie de viroles en cuivre doré.

183 — Jolie petite burette en verre de Venise, à filigrane de couleur.

184 — Livre d'heures imprimé en 1520, enrichi de nombreuses vignettes.

185 — Fusil indien, dont le canon terminé par une tête d'animal chimérique, est entièrement couvert d'incrustations en argent, travail d'un fini remarquable, la monture et la batterie sont de travail moderne européen.

186 — Très joli petit coffret renfermant des tiroirs en vieux laque du Japon de la plus belle qualité et bien conservé, il est garni en argent.

187 — Un casque à visière, couvert d'arabesques gravées et dorées avec monogrammes mêlés aux ornements, travail italien du XVIe siècle.

188 — Echiquier du XVIe siècle, en marqueterie d'ivoire et bois de palmier, sur ébène, enrichi d'incrustations en matières précieuses.

189 — Jolie statuette de Saint, en argent repoussé sur piédestal en ébène faisant reliquaire.

190 — Bas-relief en argent repoussé, descente de croix, d'une grande finesse d'exécution et du plus beau style, cadre en ébène.

Figurines avec costumes italiens des environs de Naples (dites Pastoures).

Il est en usage à Naples, depuis deux siècles, aux fêtes de Noël, de faire des crèches où est représentée la naissance de Jésus, entouré de paysans et d'animaux, pour figurer l'adoration des bergers, et d'autres où il est entouré de figures en costumes orientaux pour figurer l'adoration des mages.

Les figures ci-après proviennent de ces crèches, et ont été exécutées par les artistes qui se sont le plus distingués dans ce genre depuis un siècle.

191 — Trois figures de paysans de *Massa* (environs de Naples, par *Balligliero*.

192 — Deux figures : un turc et une femme en costumes orientaux riches, par *San Martino*.

193 — Autre figure de turc en costume riche, par le même.

194 — Deux figures : un joueur de guitare et sa compagne, costumes de Pouzzole, par *Balligliero*.

195 — Un joueur de harpe et sa compagne, costumes de Procida, par *San Martino*.

196 — Un paysan et sa compagne, costumes de Massa, par *San Martino*.

197 — Deux figures : un paysan et une paysanne, costumes de Sorrente.

198 — Deux autres en pendant, costumes de Vico.

199 — Un lot de six figures de paysans.

200 — Deux enfants; celui qui joue du violon est de *San Martino*, l'autre de *Salvatore di Fiaco*.
201 — Un âne chargé de légumes, par *Gennalo Leale*.
202 — Six chèvres, par *Vassalo*.
203 — Deux boucs, par le même artiste.
204 — Un pasteur et un chevreau.
205 — Un chien de brebis.
206 — Deux chiens levriers.
207 — Un chien barbet.
208 — Trois chats, trois lapins, deux poulets, une poule et un perroquet.
209 — Un pasteur, par *San Martino*.
210 — Un taureau et une vache; un veau et une petite vache, par *Schetuni*.
211 — Un chien de prise.
212 — Un pasteur, par *Vaccaro*, quatre brebis, trois moutons, par *Vassallo*, une brebis et un agneau.
213 — Un chien, par *Vassallo*.
214 — Deux petites filles de l'île d'Ischia.
215 — Un lot de deux têtes de chérubins de *San Martino*, un agneau et divers accessoires.

Meubles.

216 — Très beau bureau à X, à quatre faces, en marqueterie bois à fleurs et arabesques du plus beau travail, du temps de Louis XIII, le dessus marqueté en plein et garni d'un casier à tiroirs.

217 — Jolie console en bois sculpté et doré du temps de Louis XV, le dessus en brèche de Sicile de la plus belle qualité, marbre rare et précieux.

218 — Une table en marqueterie de bois à fleurs.

219 — Jolie armoire vitrée style Louis XV, disposée pour y placer des curiosités.

220 — Petit meuble en marqueterie de bois de rose, garni de moulures en bronze doré.

221 — Une grande et magnifique armoire du temps de Louis XIII, en bois de noyer sculpté; elle est ornée de colonnes, de panneaux et de frises très riches d'ornements; elle porte 2 mètres 49 centimètres de haut, sur 2 mètres 20 centimètres de large.

222 — Joli meuble à deux corps, en bois de noyer sculpté, du XVIe siècle, orné aux angles de figurines de ronde-bosse supportées par de petites consoles formées par des mascarons.

223 — Grand et magnifique bureau en marqueterie de Boule, rehaussée d'ornements de couleur, richement garni de bronzes dorés.

224 — Cabinet italien du XVIe siècle, en bois noir avec moulures en ébène, enrichi de nombreux ornements en cuivre repoussé.

225 — Un médailler fermant à deux ventaux, en marqueterie de bois à fleurs, du temps de Louis XIII.

226 — Un cabinet en vieux laque du Japon.

227 — Un miroir, avec cadre en bois sculpté orné de figures et colorié.

Etoffes de Soie.

228 — Sept lés de 1 mètre 15 centimètres chaque d'étoffe de soie fond vert semee de fleurs de couleur, rehaussées de blanc; Louis XV.

229 — Quatre lés de 1 mètre 04 centim. chaque, étoffe de soie fond brun, semé de fleurs en couleur, style Louis XIV.

230 — Deux lés de 85 centimètres chaque, étoffe de soie bleu clair damassé, avec fleurs en couleur rehaussées d'or, style Louis XV.

231 — Sept lés de 1 mètre 05 centimètres de long, étoffe de soie, couleur canelle, à fleurs de couleur, style Louis XIV.

232 — Deux lés de 95 centim. de long, étoffe de soie fond brun à bandes plus claires, style Louis XVI.

233 — Deux lés de 1 mètres 45 centim., étoffe fond brun à fleurs, style Louis XIV.

234 — Quatre lés de 1 mètre, étoffe de soie brochée d'argent, à bandes rouges, vertes et blanches, style Louis XIV.

235 — Cinq lés de 90 c. étoffe fond vert clair damassé, décorée de fleurs rehaussées de blanc, style Louis XV.

236 — Six lés de 1 mètre étoffe de soie fond vert damassé en blanc, et flleurs en couleur, Louis XIV.

237 — Quatre lés de 1 mètre 12 centimèt., étoffe de soie fond bleu foncé, à fleurs de couleur, style Louis XIV.

238 — Sept lés de 1 mètre 4 centimètres étoffe bleu clair, à petits dessins blancs et couleur.

239 — Deux grands rideaux de trois lés chacun, portant 3 mètres de haut (ensemble 18 mètres), étoffe de soie cramoisie, ornements blancs, verts et jaunes, les bordures soie assorties à l'étoffe, style Louis XV.

240 — Trois rideaux de trois lés de 2 mètres 75 centimètres chacun, et un rideau de deux lés de 2 mètres 75 centimètres (ensemble 30 mètres 25 centimètres) de la même étoffe que la précédente.

241 — Six lés de 1 mètre chaque, étoffe de soie fond jaune rayée rouge, à colonnes avec fleurs.

242 — Quatre lés, en tout 4 mètres 40 centimèt., étoffe de soie fond jaune à colonnes.

243 — Quatre lés de 1 mètre 12 centimèt. chaque, étoffe de soie fond bleu à colonnes.

244 — Quatre grandes tapisseries à sujets de chasse du temps de Louis XIII.

245 — Sous ce numéro seront vendus les objets omis au catalogue.

Paris. — Imp. Maulde et Renou, rue Bailleul, 9-11.

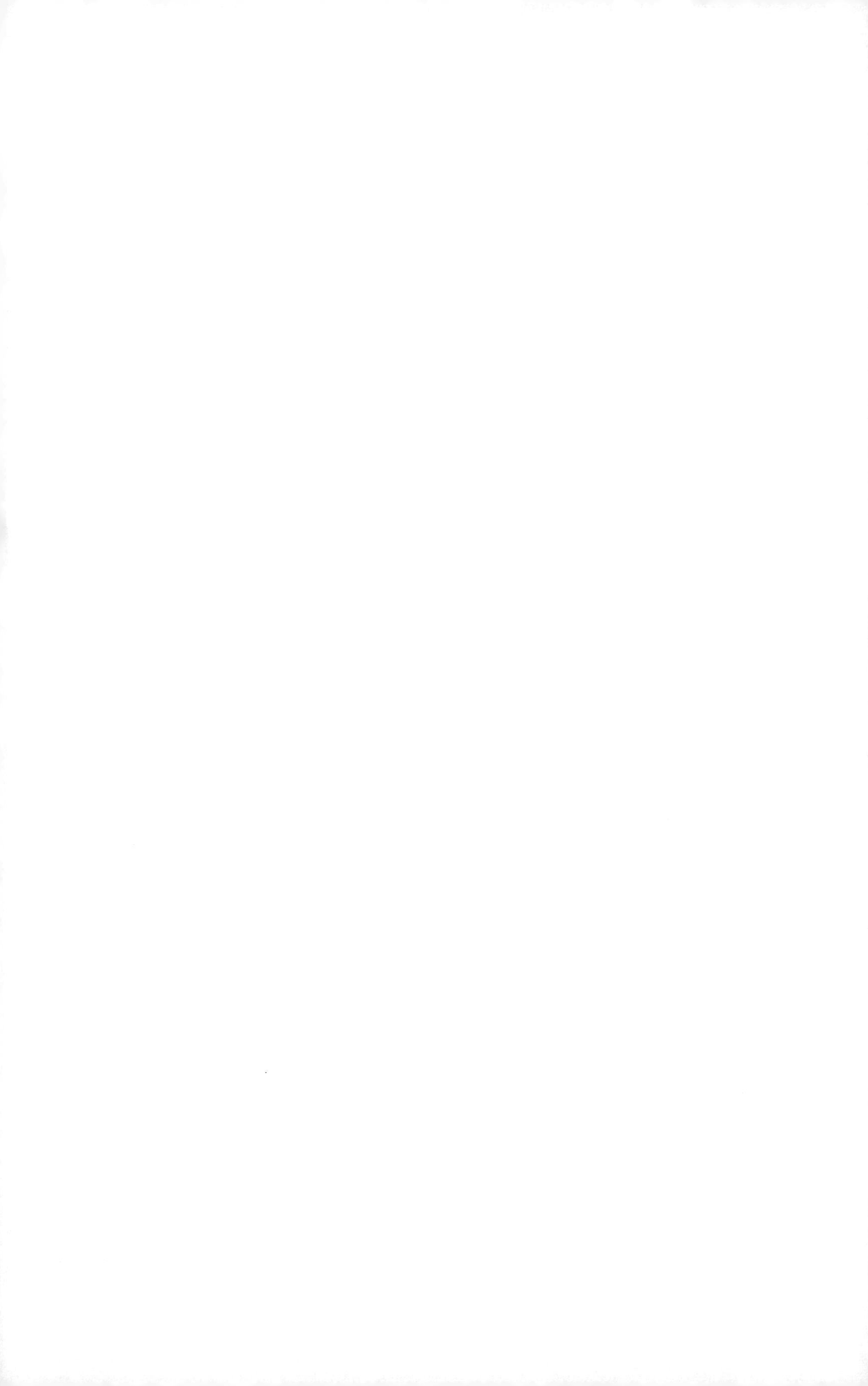

www.ingramcontent.com/pod-product-compliance
Ingram Content Group UK Ltd.
Pitfield, Milton Keynes, MK11 3LW, UK
UKHW021028220726
13924UKWH00001B/184